CATALOGUE

D'ENVIRON

200 TABLEAUX

ANCIENS & MODERNES

ÉTUDES PEINTES — DESSINS — AQUARELLES

GOUACHES — PASTELS

SÉPIAS — GRAVURES ANCIENNES ET MODERNES

LITHOGRAPHIES — PHOTOGRAPHIES

ALBUMS — CADRES — LIVRES — MINÉRAUX — COQUILLAGES

OISEAUX EMPAILLÉS — CHAMBRE CLAIRE, ETC.

Provenant de la Collection de M. R. A. B. (allier)

ET DONT LA VENTE AURA LIEU

HOTEL DROUOT, SALLE Nº 9,

Le Jeudi 23 Janvier 1873

A une heure et demie.

Et le soir du dit jour à 7 heures et demie.

Par le ministère de Mᵉ CHARLES PILLET, commissaire-priseur,
rue de la Grange-Batelière, 10.

Assisté de MM. DHIOS et GEORGE, Experts, 33, rue Lepeletier,

Chez lesquels se distribue le présent Catalogue.

EXEMPLAIRE DE DHIOS

EXPOSITION PUBLIQUE : *Le Mercredi 22 Janvier 1873*

DE UNE HEURE A CINQ HEURES.

CATALOGUE

D'ENVIRON

200 TABLEAUX

ANCIENS & MODERNES

Études peintes — Dessins — Aquarelles

Gouaches — Pastels

Sépias — Gravures anciennes et modernes

Lithographies — Photographies

Albums — Cadres — Livres — Minéraux — Coquillages

Oiseaux empaillés — Chambre claire, etc.

Provenant de la Collection de M. R. A. B.

ET DONT LA VENTE AURA LIEU

HOTEL DROUOT, SALLE N° 9,

Le Jeudi 23 Janvier 1873

A une heure et demie.

Et le soir dudit jour à 7 heures et demie.

———

Par le ministère de Mᵉ CHARLES PILLET, commissaire-priseur,
rue de la Grange-Batelière, 10.

Assisté de MM. DHIOS et GEORGE, Experts, 33, rue Lepeletier,

Chez lesquels se distribue le présent Catalogue.

———

EXPOSITION PUBLIQUE : *Le Mercredi 22 Janvier 1873*

DE UNE HEURE A CINQ HEURES.

CONDITIONS DE LA VENTE

Elle sera faite au comptant.

Les adjudicataires payeront *cinq pour cent* en sus des enchères.

L'exposition mettant le public à même de se rendre compte de l'état des objets, il ne sera admis aucune réclamation une fois l'adjudication prononcée.

Paris. — Imp. PILLET fils aîné, rue des Grands-Augustins, 5.

DÉSIGNATION

X 1. **Largillière.** — Portrait de femme blonde.

X 1 *bis.* **Largillière**. — Portrait de femme brune.

2. **Calame** (d'après). — Grands pins, environs de Cannes.

X 3. **École française.** — Portrait de femme blonde (cadre sculpté).

4. **École flamande.** — Voyageur attaqué par des brigands.

5. **Burette** (Signé). — Intérieur de forêt avec personnages.

6. **École moderne.** — Forêt de Fontainebleau avec chevreuils.

7. **Tanneur** (Signé). — Marine avec pêcheurs et phare.

8. **Larivière.** — Étude pour le grand tableau de Versailles.

X 9. **Verburgh.** — Fleurs.

X 10. **Daiwaille** (Signé). — Effet de neige, paysage avec personnages.

X 10 *bis.* **Van der Poël** (Signé), 1663. — Ville incendiée et pillée.

11. **Inconnu.** — Nymphe (cadre ovale sculpté).

12. **Paris** (J.). — Paysage. (Pastel.)

13. **Mignard**. — Portrait d'un prince d'Orléans.

14. **Ligny** (signé). — Entrée de forêt, personnages et animaux.

15. — **E. Lepoitevin**. — Chasse aux mouettes (n° 48 du cat. de sa vente).

15 *bis*. **Nolkens**. — Petit paysage avec personnages.

16. **Turpin de Crissé**. — Marine, île de Capri.

17. **École moderne**. — Petit paysage, étude de montagnes.

18. **École moderne**. — Vue de la mer par une grotte.

19. **École moderne**. — Paysage, chute d'eau.

20. **Mozin** (signé). — Naufragés réfugiés dans les hunes. (cachet de la vente Mozin).

20 *bis*. — **Mozin**. — Rochers de Hennequeville près Trouville (cachet de la vente Mozin).

20 *ter*. **Mozin**. — Rochers près d'Étretat (cachet de la vente Mozin).

21. **Noël** (GUSTAVE). — Étude de rochers.

22. **Vernet** (école de J.). — Marine.

23. **Noël** (GUSTAVE). — Paysage avec personnages.

24. **Noël** (GUSTAVE). — Entrée de forêt.

25. **Noël** (GUSTAVE). — Étude de rochers.

26. **École italienne**. — Adoration des Mages.

27. **Van Dyck** (École.) — Lesdiguières.

28. **Paris** (J.). — Intérieur de ferme, vacherie.

29. **R. A.** (Initiales.) — Marine.

30. **Loisel**. — Paysage, village dans le lointain.

31. **Lepoitevin** (E.). — Halte de douaniers. (Cachet de sa vente.)

32. **Burette**. — Grand chêne.

33. **École hollandaise**. — Rose et volubilis.

34. **Barraband**. — Oiseau, gouache (vente Forestier).

35. **École française**. — Paysage.

36. **Morel Fatio**. — Vue d'Alger. (Cachet de sa vente).

37. **Morel Fatio**. — Côte de la Méditerranée. (Cachet de sa vente).

38. **Coypel** (école de). — Jupiter et Sémélé.

39. **Lantara** (Attribué à). — Personnages et animaux.

40. **Loisel**. — Environs de Rome.

41. **Court**. — Paysage. (Signé et provenant de sa vente.)

41 *bis*. **Court**. — Paysage. (Signé et provenant de sa vente.)

42. **Witsen** (JONAS), 1741. — Oiseaux et paysage; gouache signée.

42 *bis*. **Witsen** (JONAS), 1741. — Oiseaux et paysage; gouache signée.

43. **Gardanne** (A.). — Halte de hussards.

43 *bis*. **Jacobber** (signé). — Fleurs de pêcher.

44. **Schoth** (signé). — Clair de lune.

44 *bis*. **Jacobber** (signé). — Raisin noir. (Aquarelle.)

45. **Jacobber** (signé). — Pavot.

45 *bis*. **Jacobber**. — Raisin violet.

46. **Schœvaerdts** (Attribué à). — Paysage avec figures.

47. **Grund de Prague**. — Danse de villageois.

48. **Grund de Prague**. — Fumeurs.

49. **École italienne**. — Paysage, chasse au cerf.

50. **Noël** (GUSTAVE). — Marine. (Yport près Étretat.) *signé*

51. **Lancret** (Attribué à). — Enfant dans un parc.

52. **École moderne.** — Fleurs.

53. **École moderne.** — Chute d'eau

54. **Rémond** (Signé). — Marine.

55. **Hoppenbrouwers** (Signé.) — Étang; effet de brume.

56. **Watelet** (Attribué à). — Paysage; petit fixé.

57. **Watelet** (Attribué à). — Paysage; petit fixé.

58. **Navier**, 1812. (Signé). — Paysage; fixé.

59. **Colin** (Signé PAUL). — Paysage.

60. **Coignard** (L.). — Vue de Fontainebleau. (Provenant de sa vente.)

61. **Loisel.** — Paysage.

62. **Colin** (Signé PAUL.) — Paysage.

63. **D'Orchevillers.** — Bruyères, Fontainebleau (étude). *provenant de sa vente*

64. **Lingelbach** (Attribué à). — Port de mer.

65. **Ecole hollandaise.** — Fleurs.

66. **École italienne.** — Sainte-Famille.

67. **École hollandaise.** — Port de mer.

68. **Coignard.** — Marine (provenant de sa vente.)

69. **Loisel.** — Paysage (cadre sculpté).

70. **Loisel.** — Paysage.

71. **Nollekens.** — Paysage.

72. **Watteau de Lille.** — Marché aux poissons.

73. **Salvator** (école de). — Paysage.

74. **Salvator** (école de). — Paysage.

75. **Laforgues** (1863). — Femmes à la fontaine.

76. **Marlotte** (signé). — Rue de village.

77. **Dubbels.** — Marine (cadre sculpté).

78. **École italienne.** — Marine.

79. **Calame** (d'après). Chute d'eau.

80. **Morel Fatio.** — Environs de Cannes (cachet de sa vente.)

81. **École moderne.** — Granville, vue de Donville.

82. **Gustave Noël.** — Étang.

83. **Rémond.** — Ile de Capri.

84. **École moderne.** — Chariot.

85. **De Ghéquier.** — Coq de bruyère.

86. **Drouais** (attribué à). — Le Joueur de vielle.

87. **Ecole française.** — Chute d'eau.

88. **Roëhn.** — Paysage.

89. **Loisel.** — Paysage.

90. **École hollandaise.** — Halte de bergers.

91. **Ecole moderne.** Chute d'eau.

92. **Gustave Noël.** — Rochers et bouleaux. Fontainebleau.

93. **Lapito** (signé). — Rochers.

94. **E. Lepoitevin.** — Cheval mort (cachet de sa vente.)

95. **Ecole moderne.** — Paysage.

96. **Ecole moderne.** — Paysage.

97. **Dietrich.** — Paysage.

98. **Vander Berghe** (signé). — Paysage et animaux.

99. **Bruandet.** — Paysage.

100. **E. Lepoitevin.** — Cheval à l'écurie.

101. **Boquet.** — Paysage avec figures.

102. **Rémond** (signé). — Environs de Naples.

103. **Karl Girardet** (signé). — Jeune chevrier (cachet de sa vente.)

104. **Morel Fatio** (signé). — Visite de l'Empereur Napoléon à la reine Victoria à Cherbourg (dessin provenant de la vente Morel-Fatio).

105. **Jubert** (J.), 1839. — Marine. (Signé.)

106. **Guy** (attribué à). — Portrait de femme.

107. **Ecole hollandaise.** — Patineurs.

108. **Ecole hollandaise.** — Baigneuses.

109. **Ecole française.** — Portrait (cadre sculpté.)

110. **Cerquozzi.** — Fruits.

111. **Watteau** (attribué à). — Son portrait.

112. **Duplat.** — Paysage.

113. **Morel Fatio.** — Marine. (Aquarelle pour son grand tableau : Visite de la reine Victoria à la flotte de Cherbourg.

114. **Debon** (H.). — Armure; étude exécutée au Musée d'artillerie.

114 *bis*. **Debon** (H.). — François Ier à cheval; étude exécutée au Musée d'artillerie.

115. **Soolmacker.** — Paysage avec figures et animaux.

116. **Cortès** (A.). — Vaches.

117. **Morel Fatio.** — Paysage, fleuve et pont détruit.

118. **Calame** (A.). — Paysage.

119. **Boucher** (genre de). — Bergers.

120. **Manzoni.** — Marine, Venise, soleil couchant.

121. **Largillière** (Attribué à). — Portrait de Mansard.

122. **Woutermærtens.** — Animaux traversant un cours d'eau.

123. **École française.** — Étude de main d'homme.

124. **École française.** — Main tenant une couronne.

125. **École française.** — Duchesse de Berry.

126. **Noël** (G.). — Rocher de Fontainebleau.

127. **Knef.** — Paysage.

128. **Duplat.** — Taureau d'Auvergne.

129. **Milet.** — Paysage sur panneau.

130. **Noël** (G.). — Paysage avec rivière.

131. **École française.** — Portrait de femme, époque Louis XVI. (Pastel.)

132. **École française.** — Portrait de femme, époque Louis XVI. (Pastel.)

133. **Jacobber.** — Fleurs de la Passion et fruits.

134. **Morel Fatio.** — Dessin, promenade de Greenwich, près Londres.

135. **Morel Fatio.** — Environs d'Alger. (Aquarelle.)

136. **Morel Fatio** — Environs d'Alger. (Aquarelle.)

137. **Morel Fatio.** — Marine.

138. **Gardanne.** — Zouave. (Mine de plomb.)

139. **École moderne.** — Marine. (Sépia.)

140. **Bayot** (A.). Forêt. (Aquarelle.)

141. **Bayot** (A.). — Ferme.

142. **Bayot** (A.). — Contrebandiers.

143. **Bayot** (A.). — Soldats de la République.

144. **Bayot** (A.). — Napoléon Ier.

145. **Bayot** (A.). — Scène d'estaminet.

146. **Morel Fatio** (Signé). — Navire incendié en mer.

147. **Bayot** (A.). — Ferme. (Gouache.)

148. **Morel Fatio**. — Lancement d'un navire. (Aquarelle.)

149. **Morel Fatio**. — Environs d'Alger. (Dessin.)

150. **Thénon** (C.). — Prière à la Madone. (Sépia.)

151. **Bayot** (A.). — Les Mousquetaires. (Aquarelle.)

152. **Bayot** (A.). — Aumône à des mendiants.

153. **Bayot** (A.). — Général et son État-Major.

154. **École moderne**. — Le Marchand de melons. (Dessin.)

155. **Jacobber**. — Groseilles à maquereau. (Aquarelle.)

156. **Jacobber**. — Pêches, violettes.

157. **Jacobber**. — Noix.

158. **Jacobber**. — Noix et amandes.

159. **Jacobber**. — Petites groseilles à maquereau.

160. **École moderne**. — Marine.

161. **Loysel**. — Étude de terrain.

162. **École moderne**. — Chevaux.

163. **École moderne**. — Paysage.

164. **École moderne**. — Paysage.

165. **École moderne**. — Parc et pont.

166. **Todd** (G.). 1856. — Étude de fleurs.

167. **Josan**. — Paysage, chemin creux.

168. **Burette**. — Ferme.

169. **École moderne**. — Habitation de Chateaubriand.

170. **École moderne**. — Paysage.

171. **École moderne**. — Paysage.

172. **Girodet**. — Serment d'amour.

173. **École moderne.** — Paysage.

~~174. **École moderne.** — Paysage.~~

175. **École française.** — Paysage, abreuvoir et ferme.

176. **École française.** — Bouquet d'arbres et rivière.

177. **Salvator** (Attribué à). — Petit paysage.

178. **Ecole française.** — Saint François de Sales.

179. **Loisel.** — Paysage.

180. **Loisel.** — Petite marine.

181. **Ecole moderne.** — Paysage d'Orient.

182. **Ecole française.** — Berger passant un pont avec son troupeau.

183. **Ecole moderne.** — Etude de paysage.

184. **Bourgeois** (Signé). — Paysage.

185. **Loisel.** — Paysage étude.

186. **D'Orchevillers.** — Paysage.

187. **D'Orchevillers.** — Petite marine.

188. **Ecole moderne.** — Etude de femme italienne.

189. **Ecole moderne.** — Etude d'homme.

190. **K. Girardet** (Signé). — Caverne à Sorrente.

191. — Etude.

192. — Soleil couchant; marine.

193. — Une Exécution. — Ancien panneau.

194. **Pierre.** — Etude allégorique.

195. **Paul Guigou** (Signé). — Marine, environs de Marseille.

196. **Herman d'Italie.** — Paysage avec personnage près d'un pont.

197. **Lapito** (Signé). — Rochers à Subiaco.

198. — Petit paysage avec personnages et statue renversée, ancien panneau.

199. — Autre, avec personnages, moutons et rivière.

200. **Morel Fatio.** — Côtes de Normandie (de sa vente).

201. **Jacobber** (Signé). — Fruits et fleurs (de sa vente).

202. **Jacobber** (Signé). — Fruits et fleurs (de sa vente).

203. **Herman d'Italie.** — Paysage avec trois figures sur un chemin en pente.

204. **A. Bayot.** — Lecture de la lettre du pays. (Salon de 1869.)

205. **Demarne.** — Le dernier chapitre du roman.

Dix Cadres anciens, seize Etudes peintes, une Toile préparée, deux Portraits de femmes.

Six Albums de dessins Morel Fatio, Roehn et autres.

Huit cartons de Dessins, Etudes peintes, Aquarelles, Sépias, K. Girardet, Lebourgeois, J. Paris, etc., etc. Gravures anciennes et modernes, Lithographies, Photographies, Pastels.

Livres, Minéraux, Coquillages, Oiseaux empaillés, deux grandes Chauves-Souris d'Amérique, Chambre claire de Chevalier, etc.